# 77편의 시와 茶席花

발견시선 042

# 77편의 시와 茶席花

허충순

## 시인의 말

차와 꽃을 어루만지고 틈틈이 시를 쓰며 살 수 있도록 내게 호의를 베풀어준 세월이 이제 얼마나 남았을까요. 가까이할 수 있었던 시와 차와 꽃에게 감사하고, 그것 때문에 멀어진 것들에겐 미안한 마음이 듭니다. 그리고 77년을 살았다고 생각하니 입가에 미소가 감돕니다. 감사합니다.

2022년 10월
허충순

차례

## 2부 / 오륙도가 보이는 창

## 3부 / 은방울수선화

## 4부 / 시간은 조금 더 강물이 되어

# 1부

## 김밥 한 줄

## 고요한 한낮

내가 사랑한 사람은 어디로 갔을까
화분에 꽃이 마르고
의자의 다리 하나는 기울고
자유도 뜻이 없다

아직
내 귀는 듣고
내 입은 말한다

## 조약돌 하나

조약돌처럼 가지고 있는 영혼이 있다
조약돌에 담긴 것은 함께 살던 추억이며
밤이 되어 가는 창밖을 말없이 지켜보는 그의
눈빛이다
우리가 가지고 놀던 조약돌이 무엇인지 모른 채
우리는 살아가고
가을에서 겨울로 조약돌을 튕긴다

# 맞은편

김이 나는 환한 쌀밥을 보며
생각한다

오지 않는 사람만 제외하면
모든 것이 다 있다

하나 비어 있는 자리에
저녁 햇살이 내리면

밥을 먹는다는 것이
미안하다

비어 있는 자리는 언제나
내 맞은편에 있다

## 남아 있는 것

내가 그러모았던 것들을
조금씩 버린다

내가 그러모았지만 내가 아닌 것들을
오늘도 하나둘 내다 버린다

씻어도 끝내 씻기지 않는 피 같은 것이
남는다

그리고 그것마저 지워지는 날이
올 것이다

## 국화가 있었습니다

국화꽃 한 송이는 오래전부터 내 마음에 있었습니다
이제는 아무도 부르지 않는 이름처럼
잊혀진 국화꽃 한 송이를 내 마음에 더 깊이 떨어뜨립니다
나는 내가 받은 일생의 국화꽃 한 송이를
딱 한 번 한 사랑 고백처럼 내 마음에 담습니다

# 마른 화분에 물을 주며

마른 화분에 물을 주며
두 동강 난 메마른 마음엔 어떻게 물을 주는지
아무리 생각해도 알 길이 없다

# 꽃과 시

한동안 바라보니
신음과 비명 들어간 시 한 줄 나오네

내내 읽다보니
꽃이 되었네

꽃과 시가 다르지 않아
눈 휘둥그레지네

# 둘이 사는 일

웃으며 둘이서 손을 잡고
물방울이 그 사이에 맺히고

내일은 일요일인데 하필
내일 쉬고 싶지 않은 마음이 일고

정말로 멀리 가자고 하면
같이 멀리 가고 싶은 마음에 정신이 다 팔리고

우리는 손을 잡으려고만 했지
손 놓는 법은 몰랐을까

지금쯤 그날의 백합꽃은 거기 피어 있을까

공허를 닮은 그런 눈동자라면
언제라도 다시 빠져들 수 있는

질투했는지도 몰라 우수에 젖은 그 눈

## 거울을 보며

내가 말을 못해도
내 말을 알아들었던 건

내 입술에 번진 미소 때문이었겠지

입술 근처에 분명 있었는데
지금은 보이지 않고 만져보면 혼잣말뿐이다

그 미소가 그래도 고왔는데
인증샷을 찍기도 전
어느 세월에 떠내려가고 없다

사람들 앞에서도
지워지고 있을
사라지고 없을 환한 입술 언저리

당신에게도 일어난 일이

내게도 일어난
그런 사랑만이 가슴에 남았네

# 차나무가 가슴을 흐른다

마음 어느 한켠에 350년쯤 된 묵상이 있다거나
그런 기원이 있다면

그 사람의 가슴엔 항상 찻잎 살랑이는 게 있을 거다
그 사람의 말엔 항상 좋은 차 내음이 돌고 있을 거다

작은 손을 모은다
내 인생 어디에 350년 된 크고 곧은 차나무를 심지는 못했지만
350년 된 차나무를 눈앞에 보는 마음으로
세상 사람을 생각해야지
세상사를 정성껏 보듬어야지

마음 어느 한켠에 조용히 미소 짓고 있는
350년된 대원사 차나무가 흐른다
그 차나무 향기가 맴돈다

## 큰 꽃

모두가 하나의 씨앗이네
모두가 하나의 잎눈이네
모두가 하나의 꽃눈이네

이렇게 될 줄 알았지만 꽃 하나를 심었네
이렇게 갈 줄 알았지만 꽃 하나를 사랑했네
너와 나는 꽃 하나의 거리에서 말하고 웃고
마음으로 볼 수 있는 거리에 피어서 보고 있네
아직도 너는 나를 꽃으로 품고
아직도 나는 그리움이 남아 있는 너의 꽃이라네

우리는 세계에 지은 하나의 봉오리며
땅에도 있고
하늘에도 있어
세계를 잇는 하나의 꽃잎이네
마지막, 단 하나의 꽃송이라네

# 김밥 한 줄

김밥 한 줄은
김 한 장으로 싼 것이다

그 속에 오색진미 가지런히 누이고
둘둘 말려서 잠시 자신을 감춘다

내가 한 끼를 빌려서 한 끼를 채우는
김밥 한 줄

내가 쓴 시 한 줄에
김밥 한 줄 만한 헌신이 있을까
나도 김밥 같은 시 쓰고 싶다

헐한 김밥 한 줄 같은 시 한 행

## 통도사 무위선원

먼지밖에 없는 몸이라 해도
이승에서 인연은 지중해
석 달 열흘 갇혀 부끄러움 내려놓고 싶은 곳

풀섶 풀벌레 입에 담는
깨닫지 못한 깨달음
오늘은 이슬되어 맺혔나

산천도 반향 없는
절벽 아래 도량
내 마음 살았다면
영축산 열아홉 암자마다 들러가야지

한 마디도 길고 한 노래도 짧지 않은데
장경각 도자 팔만대장경
일생을 읽고 다시 읊어도 나는 못다 부르리

그림자마저 까치발로 걷는 여기
마음 빗장도 잊어버리고
문 없는 문을 연 무위선원

## 해인사 소림선원

문고리도 없는 선방에는
선수행 자욱이 놓인 것도 깔린 것도 같네
그리고 마루문 밖에 선 채
누군가 안에 앉아 있는 것도 같네

인고를 견디며 고요를 견딘다
밤이면 소쩍새 소리 무관하고
묵언 아래 파고든 '일체유심조'
면백수행을 어떻게 수습하려나

내 일생에 깨알같이 새기는 화두
삼천 배 점고받은 백련암 성철스님의 일원상
지족암 일타스님 일러주신 백화차와 청향산방
옛 그 시절 테두리도 없이 밀려든다

저절로 합장하는 다로경전실 가장자리
걷지 않고 걷는 걷기와 사귀고

명상은 머언 저 산맥 녹음에 잠긴다

불심으로 해탈하는 성불의 소림선원

## 내 친구

한평생 가까이 오는
오래오래 아는 사람이 보고 싶어
지구본을 돌린다

큰 인물에 신세지듯
인간의 근본 아름다운 길 찾는 사람

한세상 가장 가치 있는
진실이라는 내 친구 보고 싶어
지구본을 본다

인생은
사랑이라는
내 사람 사는 지구

# 별은 내리고

새벽달 보며 나가
야밤에 돌아오는 님
개가 짖으면 놀라고
사람 소리 나도 놀라던
착한 사람

살면서 찌든 속 터진 가슴
낡은 신발 자국마다 차갑게 배여 있네

때로는 향기로운 침향나무인 듯
수천 년 수지로 맺혀서
외로운 삶의 질서 가라앉히며
쓸쓸히 향 사르네

별은 내리고
가로등 불빛은 여린데
그래도 걷는 느린 걸음마다

긴 삶의 그림자 울먹이네

## 남편

어쩌다
한날한시 어른이 되어
한집에 살던 사람
정월대보름 날
54년의 긴 긴 이야기
접어둔 채 떠난 사람
이봐요 비 내려도 울 수 없고
눈 내려도 웃을 수 없는 세월 다 보낸 후
나 죽어 다시 만날 인연이라면
남편 아닌
좋은 친구로 만나보고 싶은

이봐요 보고 싶어도 볼 수 없는 사람
만나자고 해도 올 수 없는 사람
용서받고 용서해 주고 싶은 사람
아들 둘 딸 하나 아버지였던 그 사람
떠난 줄도 모르고 부를 때가 있다

## 차벗을 보내고

—고 김봉건 차인에게

만난 인연 이승에서 청복이었을까
먼 길에서 청정수 길어 두고 정결히 차 달이던
올곧은 차인
그날 아침나절
평소보다 더 낮은 목소리로 걸려 온 전화
"무슨 일 있어요?"
"보고 싶어서"
처음이자 마지막 남긴 한 마디
그 삼 일 후
영전에 눈물차 한 잔 올리며
나도 "보고 싶어서"
이 세상 찻자리 기억에 깊이 남은 소중하고 애잔한 차벗
영 이별인 줄 모르고 마지막 받은 선물
90년대 보이차 7542
이제 남아있는 어느 차인과 찻자리 펼까
저승에서 다시 만나면 못다 한 차의 시간

오래두고 나누어요

12월의 새 한 마리 아려오는 차사랑 한 편 남기고
저 먼 나라 서녘 하늘로 영영 날아갔네
겨울바람 몹시도 부는 날
맑은 차동무 모여 따스한 차 한 잔 나누어요

# 봄은 천지에 고개 내밀고

눈부신 봄은 나뭇가지에 쏟아진다
꽃이 와도 또 올 꽃이 있고
꽃이 가도 또 갈 꽃이 있다

청매, 백매, 홍매 연이어 피고
복사꽃, 해당화 줄 서서 피고
저 산에
노오란 산수유, 생강나무
이 산에
진달래 지고 연달래 핀다

온 동네 벚꽃 하늘 가리며
다산한 여자 하나
봄의 테두리를 채운다

그제사
작은 풀꽃이 나직이 고개 내민다

# 2부

## 오륙도가 보이는 창

## 통도사에서

돌아오셔야 합니다
단 한 번 영이별 점지해줬다지만
서녘 하늘 노을 가뭇지듯
쉬이 떠나시면 안 됩니다

청춘은 계곡에 흘러가고
산단풍으로 무명옷 깁던 고운 추억
법당과 선방 너머 죽비 치듯
산목련 인연줄로 오셔야 합니다

영축산 굽이굽이 화엄 물결
수천년 지키는 노송 아래
중생심 걷는 성불의 길목에 서서
목언수행으로 참회합니다

새벽이슬 따다 헌다 올리며
산천도 향 사르며 목 놓아 부르는 님

자비심 익히며 절합니다
통도사에 오셔야 됩니다

# 서운암 호수

산 위 호수 더러 보았네만
영축산에 배 띄운 건 천하에 하나
맑은 하늘 깊게 잠기고
흰 구름 한 점 물고 나르는 산새

무지개 서는 장경각 언덕은
팔만대장경에 서리는 빛
향운 자욱한 금낭화 낙원에
한가히 노니는 공작 나래

보름달 밤 노 젓는 선상 다실
찻잔에 내려온 은하수 뱃놀이
시조 한 수에 남은 시름 잊는다네

자연 속에 설레이는 예술의 호수
통도사 방장 법문이어라
화엄 법문이어라

## 정화다원

해운대에서 청사포 가는 길섶
초록 이름 다원
해 묵힌 노차 곳간에서
말없이 익어가고
나눈 다담 발효차 되었구나

서산마루 해 넘는 줄 모르고
슬슬 모여드는 차사랑 맘
날개 접은 참새 방앗간
침향차 내리는 청다관
찻물은 애간장 먼저 다 녹인다

# 15년 전 편지

먼 여행지에서 쓴 편지
우편함 놓쳐버려
책장 사이에서 잠자며 지내다
15년 후 오월 중순 즈음 받았네요

한세월 살아 있었음에
서로 반기는 옛 소식
다시 15년 후에는
아무래도
이생에서는 다시 못 받을 안타까운 편지
내생에는 선 그 자리에서 받고 싶은 엽서

어느 날
냉면 한 그릇에
빈대떡 한 접시 두고
시월 초순 목련 아래 마당에 청하고 싶네요

## 봄 소식

봄바람 건네며
진심 하나 쓸어안고
먼 길 딛고 온 봄

엊그제 길목에 서서
초록눈 틔우더니 간밤 꽃방울 맺혔구나

눈부신 꽃나래 따사로운
봄이 봄에게
품은 정 화사하게 전하는 소식

해마다 찾아오는 약속의 봄
좋다고 말하시도 않고
싫다고 말하지도 않는
나의 봄은 몇 해 남았는지
도무지 알 수 없는 봄소식

# 모란과 목단

그대
초여름 유월에 만나
말없이 나누는 윤나는 말

목단이라 부르고
모란이라 부르는
유월의 꽃

누군가
향기 없는 꽃이라는 말 아닌 말에
삐져서 더 은은한 화향

모란 피는 뜰에 가만히 기대어
맑은 달 기다리면
노오란 목단 내 마음 다 훔쳐가네

# 작약 그리고 함박

작약 피는 뜰마다
함박웃음 터지는데

꽃밭에 줄줄이
함박 한 줄
작약 한 줄
한 가지 꽃 손잡고

홑꽃과 겹꽃
형형색색 마주한
다르게 부르는 같은 꽃 가득 피었네

## 단짝

국수 그릇 앞에
양념 종지 놓였네
간 맞게 드시라는 뜻이겠지

맛 내는 건 손맛이지
상 위에서 다시 한번 음식 궁합
만든이와 먹는 이도 단짝

참맛은 달고
참멋은 입맛 나는 마술

순서를 바꾸어도 단짝일 뿐이지

# 어느 문인의 초대장

2020. 6. 23. 낮. 12시. 부산포.
미운 사람들과 점심 하기로 했습니다
참석자는 7~8명입니다
이 문자가 기분 나쁜 분은
대꾸 없이 안 오셔도 됩니다

꼭 애를 데리고 오고 싶은 분은
미리 알려주시면
단도리 해 두겠습니다.

# 먼저 떠난 너

섬길 걷다 보면
섬 만나고
산길 오르면
산을 만나네

너를 부르면
만날 수 있으려나
이 산에도
저 섬에도 대답이 없다

훗날 김해평야를 멀리 내려다보는
백용암 산마루 공덕비 앞자락

먼저 떠난 너
네 목소리 들려오면
절절하게 산을 넘는
그리움이 눈물겹네

## 그 이름

이름은 있는데
부르지 못하는 이름
부르는 이름으로는 쓸 수 없는 이름

이름은 있지만
밝힐 수 없는 이름
밝히면 촛불로는 켤 수 없는 이름

살면서 줄가지처럼 느슨한 이름이자
가장 탄탄한 이름

목 놓아 부르고 싶은 그 이름

## 보고 싶은 길

아련히 서글픔이 물들 때
들꽃 찾아 나서는 나들이

해안로를 따라가며
늦바람과 속삭이면
나리와 제비풀
연분홍 찔레 무너지고

들길에 내려온 아카시아 잔향 밝다
잊은 듯 가노라면
주인 모르는 작은 집 앞
대문 가리는 접시꽃 아래 채송화
보는 맘 점점이 흔들리고
없는 빗장 슬슬 열어가며 걷는 인생

마른하늘인데
꽃가지 매만지는 손등에

뜨거운 이슬 뚝 떨어지네
더 붉게 보고 싶은 날
길 나서면
꽃의 눈물은 꽃섶을 여미고
슬프고 아름다운 석양은 무슨 말인가 하고 있다

# 한세상

이 세상에 어우러져 사는 것
살아있음이 행복이라지
먼 곳에 지내니
자주 만날 순 없지만
사랑하는 사람이 살고 있는 쪽을 생각하네

때론 대자연의 품도 멀고
텅 빈 가슴 아직 젖어 있을 때
가만히 돌아서는 먼 언덕
구름 흔드는 그리움이여

한세상 지내며
간간이 만나는 그것을 남은 축복이라 쓰고
흰 구름 흐르듯 소식 전하네

하염없는 바람의 모습

# 별

밤하늘 깊어질수록
더
빛나는 그대

바라보고 있어도
더
보고 싶은 그대

눈 감으면
더욱
찬란한 그대

이윽고 얼굴이 떠오르지 않을 때까지

# 꽃그늘

그냥 서성이다가
불두화가 나란히 꽃담을 두른
꽃그늘 긴 나무 의자에 앉았네

맥 놓고 머문 꽃자리
잠시 쉬어가는 나그네
그대는 누구신가

다실의 꽃 만남처럼
자신을 되찾아오는 순간
불두화는 하얗게 머물고

그림자 밖으로 나온 발자국
한 줄기 이야기처럼 지나가고
내 외로운 꽃잎 허공에 던지네

# 사랑하는 님에게

보고싶다고
입 밖으로 말하면 안 되지

고맙다는 말
무심히 하는 것 아니라고 하였지

묵언은 아름다운 언어

꽃은 꽃에게
아름답다고 말하지 않지

그냥 지내면
이대로
이것이 사랑이라지

# 꽃의 아침

이슬 사붓이 내린
이른 아침 녹녹하네
그러하지
그러하네

물방울이 물방울을 들여다보고
바람이 불어 바람을 불렀네
님 오시는 날

시작의 꽃
기다림이 된다
가루차를 일구듯
꽃이 핀다

# 장마

구름 속에서
해가 나왔어

그만하니
다행이지

어려워도
지나가는 것

## 새벽

첫 새벽 창밖이네
풀꽃 근처 풀꽃 그림자마저 잠들었네
바위섬은 바다 뒤에 숨고
가로등만 가로등에 기대어 졸고 있네

희뿌연 적막이야말로
신비의 사막이네
나이듦의 이른 새벽은 이렇듯 사치인가

누구는
청춘은 단잠 자고
나이 들면 저절로 잠 없어진다지

가는 세월에 누군가 또 헤어지고
밝은 해 중천에 이를 때까지
나 새벽 모르는 꿀잠 자고 싶네

# 바람 부는 날

어디인가
공허인 듯 홀연히 젖어오면
떠난 님 보고 싶네

오륙도 가뭇하게 눈꺼풀 속으로 돌고
들려준 그 노래 미련이 남아
숨결 마디 꺾여 가고

사랑이 어떻게
미워질 수 있는지
우두커니 서서 생각하네

다시 또 가장 가까운 사람
가슴 한켠에
꽃이 피려나 보네

# 3부

# 은방울수선화

# 후회

살면서
가끔 생각났지만
절실한 일 없어 접어버렸네

며칠 전
꿈결에 꿈 아닌 듯 지나치며 비치더니
엊그제 저세상 갔다는 소식이 오네

살아가면서
지난 인연 더러 더러 찾았더라면
씁쓸한 작별에 걸림이 없었으려나

때로는 오늘이 마지막 날인 듯
짧은 하루 소소히 보낸 후 잠자리에 들자

하나
둘

이별하며 저무는 황혼

내일
구름이 맑게 뜨면
그리움 만나러 오륜대 가볼까

## 서울 가는 겨울 KTX 열차 속에서

눈이 내리네
나를 향해 함박눈 내리네
나뭇가지
지붕 위
먼 산
넓은 들녘에 눈이 내리네

하늘도 먹먹한 하얀 하늘인데
잘못한 것 없어도
내 머릿결은
눈이 내려
백발이 성성하고
가슴마저 녹지 않는 눈 알갱이
덧없는 인생 우두커니 앉아있네

# 오륙도가 보이는 창

아침 햇살이 창을 뚫었다
눈부신 바닷물결은 오는 것처럼 다시 밀려가고
가는 것처럼 다시 밀려온다

언제였던가
그 겨울 바닷길 수평선에 못다 한 꿈 걸리고
모 없이 둥근 유리 껍질 같은
창백한 조개 줍던
아련한 추억 가뭇없다

하나를 지워도 오륙도
하나를 더해도 오륙도
저 창밖에
푸른 햇살이 딩군다

# 별

별사람 다 만나다가
늦은 밤 되었네

밤하늘은 우거지고
언어가 닿지 않는 곳
별 헤이다 새벽녘이네

인생은
외롭지만
아름다운 별, 마음에 둔 그 일

나무 곁에 선 그림자처럼
기대어 생각한다

## 참회

보고
듣고
말하고
부끄럽고
어리석은 일
남은 것마저 모두
참회합니다
참회합니다

# 구증구포*

내가 당신 사랑이라면
내 사랑은 그대뿐

두세 번도 아니고
아홉 번 숨죽여 만난 결결한 생
눈짐작은 하지만

마음 주다 못해
외로울 때
빈 청산 마주한 듯
맺힌 올 구름 되어 흩어지고
세상사 녹이는 한 모금
내 사랑은 그대뿐
내가 당신 사랑이라면

* 차 만들 때 아홉 번 찌고 말려서 만드는 일

# 여동생을 마지막 보내고

오지 못할 줄 알면서도
지나치지 못하고
물끄러미 서 있네

가물가물 사라지는 기억 만지며
추억이 물든 자리에
날 부르는 듯
속 울음으로 너를 부른다

너와 나
이별이 무언지 차마 몰랐었지
다시는 헤어질 수조차 없는 너
그날처럼 옆모습 쓰다듬네

# 하늘과 바다 사이

하늘과 바다 사이
선이 있네

해종일
선 하나 그어놓고 쓰다듬네

가까이 갈수록
멀어지는 선

생각은 보이지 않고
그대와 나 사이
선이 있네

당신은 지금 어느 중력에 뭘 보고 있을지

## 붉은 책장

아침 해 붉게 오르면
동편으로 향한 책장
밀려오고 밀려가는 것들이 글을 읽는다

그 책 가까이 서서
나도 책이 된다
나도 붉은 책이 된다

오늘은 끝나지 않는 문장을
당신에게 돌려보낸다

# 차인

밥그릇에 찻물 따라준다
차 한 잔에 흰밥 한 숟가락 만다

말 없는 시간이 가고
하루라도 차인의 하루가 되라고

차는 밥 먹고
밥은 차 먹는

차는 차가 아니고
밥은 밥이 아닌
차인의 세계

# 세월

가네
좁은 길로 하루가 가네
잡을 수도
막을 수도 없는
산 너머 산 그림자 저물어 가네

가네
좁은 문으로 한 해가 가네
엎드리고
누운
사시사철
세상사 접고
바다 건너 떠나가네

가네
내가 가는 세월이 오네
청춘 시절 지나가고

인생 물처럼 흘러가면
다시는 원망도 못할 허공이 있을 뿐

# 간다의 찻집

쓰던 시간을 저만치 두고
누군가 새긴 얼룩진 가슴
벽돌 겹겹이 다녀간 사연 벽화되고

마주 앉은 머문 자리
못다 한 흔적 한숨 되네

차향 잠긴 간다의 뒷골목
어쩔 수 없다는 듯이 나그네 되어
빛바랜 서적 한아름 안아보네

잡았다 놓은 회상의 실타래
다시 이을 수 없는 애잔한 다실

눈감아도 흔들리는 낡은 간판
나보다 먼저 왔다 먼저 간 그림자 잔향 되고
한사랑 품어가는 간다의 찻집

누군가의 배경이 되는
향기로운 뒷골목찻집

# 은방울수선화

여중시절 학교 화단에서
처음 만난 첫사랑

학교종 울리는 시간
함께 듣는 은은한 종소리

방울 끝마다 맺힌 초록점*
작은 망울 손짓 하나하나 사랑이라 여기며

너를 만나
네 곁에 내가 앉는다

으레 내가 지어놓은 은방울수선화
내 일생을 따라 걷네

* 은방울꽃 닮은 수선화

# 엄마 예*

그 예전
팔 년 만에 낳은 첫 딸
불면 꺼질세라
고이 키워

부산 동래에서 서면에 시집 보내고
밤이 오면
큰길 건너에서
딸내미 방 불 꺼질 때까지 지켜본 후
집으로 돌아가
큰 마당 모래더미 뒤켠에서
눈물 삼키신 엄마

훗날 알았지만
후로도 단 한 번 꺼내지 못한 말
이제야 생각할수록
가슴 먹먹해지는

엄마 예

어느 해
내 딸내미 서울로 시집보내고
뒤돌아보니
그 밤이 너무 깊어
허우적이며
목이 메어 불러보던 엄마

엄마 예

* 어릴적엔 엄마를 '엄마 예'라고 불렀음. 부산 사투리는 '예'가 존칭으로 많이 쓰였다.

# 팬텀 싱어

늦은 밤 음악 프로 홀로 즐기는데
나도 모르게
노래 마디마디에서
눈물 났네
눈물 주책없네

눈물에 배후가 있어
그 누군가 날 부르는 듯
창문을 열게 하는 깊은 밤의 배후여

눈물 흘릴 겨를이 없는 사람 곁에서
좌표를 찍는
하염없는 추억 걸어오네

# 어떤 인생

눈앞에 동백섬을 어떻게 열었을까
저만치 오륙도가 돌아보는
여기 앉아 뼈만 남은 꿈 하나 그려본다
산책마저 머뭇거려지는 섬길 수평선 위
붉은 노을이 모른 체 스르르 넘어갈 때

동백섬은 동백꽃 오는 것을 막지 않고
섬 길가에 동백꽃 떨어지는 것 잡지 않는다

한번 지면 다시 못 피는
어떤 인생은 지고 나서 피기도 한다는데
지금 오륙도는 아랑곳없이 다섯 섬이네
내가 늦도록 인생을 헤매는 줄도 모르고

# 이 한 마디

사랑한다는
보고 싶다는 이 한 마디
말 못 한 냉가슴은 데구르르 어둠 속으로 굴러간다

하늘나라 계신 부모님

강변 멀리 김해평야 보이는 산마루
공덕비에 새겨진 두 이름
허영수, 공소연
가만가만 쓰다듬는 두 손 떨리고
말문은 닫혀
아른거리는 풀섶길에 젖는다

한 그루 나무에 두 분 음성 걸어둔 양
생전처럼 또렷이 들리네
좋아하신 꽃 한아름 안고 이제야
산새 되어

목 잠기도록 불러보는 아버지, 어머니
사랑합니다
보고 싶어요

# 능소화

환하다
보고 있어도 더 보고픈
가슴 밝히는 환희

낮은 담장 너머
높은 돌담 아래로
어우러지는 너그러운 여유
풍경에 바람결 울리면
그 꽃
뚝
뚝
떨어지고

땅에 얹혀 부르는 찬불가
바라보는 그 눈빛
밝고 맑은 친구 쏘옥 닮았네

# 연꽃밭

영축산 산자락 아래
넓은 연밭 있습니다
살다가 살다가
속 터져 울고 싶거든 여기 오셔요

하늘 빗물도
세속의 눈물도
강물 같은 후회도
흔적 하나 맺히지 않는 청정한 밭입니다

듣다가 울다가
물 위 연 줄기 가시가 돋고
물속 마디 줄기 숭숭 뚫린 빈 가슴으로
녹고 또 녹는 해탈의 꽃밭

남은 몸 한 덩어리 진흙에 던져버리고
미련 없이 돌아서는 뒷모습 봅니다

등 뒤에 피어나는 고요로운 연향
둥글고 둥근 초록 연잎 환속하는

금생에 남은 날은
연잎 위에 꽃잎 하나 띄우고 동심으로 노닐다
맑고 맑은 복록 누리소서
기쁨의 눈물 속절없거든 여기 오셔요

# 4부

# 시간은 조금 더 강물이 되어

## 배롱나무

작열하는 불볕도 아랑곳없는
수천 년 두고 해마다 발자국 소리도 없이 찾아오는
꽃

통도사 일주문 들어서면
백여 일 동안 화려하게 물드는 백일홍 꽃길
하양
보라
분홍이어도
통털어 부르는 이름 백일홍

여름 햇볕이 친구인가
함께 타오르는 꽃송이
누군가 나뭇가지 건드리면 간지럼타는 웃음소리 들리고
그 그늘에 따라 웃는 백일초

## 가을이 온다

가을이 온다
가을이 와서 눈이 침침하다

어릴 적
할머니 돋보기 신기해서 써보며
어지러운데 왜 보시느냐고
경주 옥돌 안경알 매만지던
너무 몰랐던 철부지 시절

지나고 보니
그때가 좋은 날들이었네
내 부모님 젊은 날이
내 인생 최고의 걱정 없던 날들이었네

올가을에
내 할머니 즐겨 드시던 잘 익은 홍시 보면
나도 단감보다 곶감보다

홍시가 맛나다고 하겠지
이 세월 조금 알 듯 말 듯 한데
어쩌다 내가 할머니 되었네

# 숲이 텅 비었네

머물던 꽃이
문을 걸어 잠그고 들어갔다
모두어 안고 싶은 꽃 하나
누가 가라 하였는지
꽃잎 하나 더 펼 수도 접을 수도 없다
그대가 없다

숲이 텅 비었다
숨은 숨
슬픔이 까만 열매 하나로 떨어지고
운명이 한 걸음씩 쓸쓸이 지나간다

# 동백섬

동백숲에 동백이 당신 눈짓인 줄 이제 알았네
나는 시선을 아래로 두고
흰 천처럼 사무치는 그리움을 덮네
꽃잎 하나 남몰래 툭 흘리네

세상에 점 하나 찍고
불평 없이
내가 가는 길
붉은 그리움에 동백꽃이 젖네

## 스승님

한 시대를 살면서
큰 스승을 만나 하늘이 더 곱고
내 안의 구름이 더 맑아졌네

그 손에 깃든
햇살을 쥐어가며 걷던 길
아스라하고

전화를 걸면
“내가 좋아하는 사람이네.”
하시던 음성
가슴 떨리네

걷다가 쉬다가
다시 걷는
생명

혹여 전화할 곳 없어지면
어쩌나
그 생각만으로도
가슴이 무너집니다

# 아침 신문

새벽 문을 연다
하루같이 대문 앞에서 기다리는 소식지

주름진 두 손으로 신문을 집으면
눈시울이 붉어진다

한 번도 만난 적 없는
누군가의 바쁜 발자국이 보이고
숨결이 들리는 듯 하다

고맙습니다
절하며
대문을 닫는다

# 스승의 숨

혼자는 염불이고
둘이면 법문이네

## 내 여자

내 여자, 라고 불러준
내 남자가 있었다

다시 한번 듣고 싶은 한 마디
내 여자

나도 한번 불러보고 싶은
한 마디
내 남자

그 나머지는 모두 잊어버려도
좋을 것 같다

# 말차 잔

흰 구름 몰아가듯
가루차 일구어 보면
겹겹이 구름 이불이네

차 고프면
먼 산 보이고
풀숲 언저리 서성이네

둥근 잔
모난 잔
모두 구름 속에서
생명을 기울이는 찻잔 아닌가

# 외손자

세월 갈수록
나이 상관 없이
어려진다 했던가

열한 살 외손자와 친구되어
밤이 오면 서로 문안 인사

사랑해요
라마스떼
굿나잇

내일 밤
벌써 기다려지니
세월이 너무 잘 가는 건가

작은 기쁨 속에
또 하루 진다

## 내 이야기

뒤돌아보니

예전에
부산 수영공항에서 제주도에 신혼여행 간 사람
살다가
아들 둘
딸 하나 두고
오십사 년 한집에 살았는데

영 떠날 때는
가면 간다고 말은 해야지
할 말은 하고 헤어져야지

만에 하나
저승에서 다시 만나면
괘씸해서 친구는 몰라도
남편은 정말 싫어

해마다 정월 대보름 밤하늘은 어찌 보나

## 다락방

나뭇가지 위에 있는 듯한
나도 그 곁에 누운 듯한
다락방

큰 키는 부딪히고
작은 키는 괜찮은

가장 정확한 양은
적당량인데

빈 듯한
꽉 찬 방

나뭇가지가 흔드리면
어쩔 줄 몰라하던
나의 다락방

# 잠자는 차

항아리 속 어두움에 갇혀
죽순 껍질 겹겹에 묻힌 고방
수십 년
수백 년
잠자고 있는 차
잠 깨어
너와 나 마주한 찻자리에서
묵은 차 보고 싶네
차의 외출 기다려지네

# 극락암 호국선원

옛날
옛적에
한 달에 한 번 마음 눈 뜨게 한
삼소굴 경봉스님 법문

올라올 때
새소리
바람 소리
물소리 들었느냐
들었다면 오늘 법문 끝

산바람 쉬엄쉬엄 불어도
풍경소리에 생수 길어 두고
묵묵히 차 달이던 명정 스님

'선다일미'는 극락암에서 태어나고
산새마저 묵언하는 날이면

물소리 굽이굽이 찻물로 흐르고
산은 텅 비우네
영축 계곡 길게 잠들면
극락정토 호국선원

## 변한 듯 변하지 않은 듯

내 안에 당신의 목소리가 있다
내가 무슨 말을 하려고 하면
불쑥 당신이 하던 말이 나온다

구름이 아득하게 바다 건너로 가고
나는 아무것도 도모하고 싶지 않은데

내 안에 당신의 목소리가 있다
무슨 일이든 열심히 하고
하던 일을 계속 하며
변한 듯 변하지 않은 듯 살아보라고 한다

# 당신과 무관하다는 듯이

오늘은 종일 비가 온다고 하니까
의자 한 개를 모서리에 놓고
둥그렇게 휘어지는 동백섬을 바라보기만 할까

눈물이 투명하게 흐르는 날이니까
차 한 잔을 창가에 놓고
색색깔의 수첩을 뒤적여보며 뒤적여보며
고요하게 낮꿈을 꿀까

끝내 뜯지 못한 편지 봉투 하나를
바다 물살에 적시고
당신과 무관하다는 듯이
하루를 흘려보낼까

## 마음의 창

너는 점처럼 있고
구부러진 선처럼 있고
국과 공기와
밥숟갈과 젓가락처럼 있고
슬라이드처럼 한 장씩
창가에서 풍경을 바꾼다
내 마음의 창에 비친다

# 살짝 웃으며

시를 읽다가 찻물을 흘린다
한 페이지에 그리고 다음 페이지에 물들어간
찻물이 내 안에도 스민다
얇고 아프게
우연처럼
우연한 고백처럼
살짝 웃으며
번진다

# 시간은 조금 더 강물이 되어

시간은 조금 더 강물이 되어
흐르고

생각은 밤새 풍경소리에 묻히고

아름다움을 더 배우고 싶은
시간은
조금 더 강물이 되어 흐른다

허충순 시집
77편의 시와 茶席花

초판 1쇄 인쇄 / 2022년 10월 11일
초판 1쇄 발행 / 2022년 10월 18일

지은이 / 허충순
펴낸이 / 황학주
펴낸곳 / 발견
디자인 / 송남숙
표지 사진 / 이병률
주소 / 서울시 중구 퇴계로 30길 24 삼익파크빌상가 101-1호
전화 / 02-2275-4212
e-mail / balgyeonbook@naver.com


ISBN : 978-89-6879-069-0 03810